PATIENCE & POETRIES

ELAN VAGUE

Copyright © Elan Vague
All Rights Reserved.

This book has been published with all efforts taken to make the material error-free after the consent of the author. However, the author and the publisher do not assume and hereby disclaim any liability to any party for any loss, damage, or disruption caused by errors or omissions, whether such errors or omissions result from negligence, accident, or any other cause.

While every effort has been made to avoid any mistake or omission, this publication is being sold on the condition and understanding that neither the author nor the publishers or printers would be liable in any manner to any person by reason of any mistake or omission in this publication or for any action taken or omitted to be taken or advice rendered or accepted on the basis of this work. For any defect in printing or binding the publishers will be liable only to replace the defective copy by another copy of this work then available.

A Letter To An
Artist Within You.

Contents

Acknowledgements

Thanks to My Dad **Dr. Mohd Iqbal Khan** for telling me thousands of real stories from his real life experiences. He told me about two faced people, He taught me how to observe the world with all your open eyes and grab those morals to build your life as luxurious as much you can dream of it. And obviously you can't dream everything. He always accepted my failures and asked me to have another cup of tea , So my brain could perform with best ideas to resolve the situation in a quite manner.

Thanks to everyone on the **Notionpress** *team* who helped me so much with this opportunity to publish our own poetry book and obviously to approve it in this easiest format to create more ease for readers like me. Writing it completely became very easy for me when i started to write online in their website (https://notionpress.com/).

ACKNOWLEDGEMENTS

Thanks to Sir **Rahul Chauhan** for building enough confidence to take tough decisions for creating a unique identity by grabbing every small opportunity which relates you with great results.

Thanks to all my **Friends** for letting me create my atmosphere and to be busy in writing. Thanks **Abhishek** for playing perfect playlists everytime in some of these previous days

Thanks **Anas, Pranshu, Rohan, Ashish, Shubham, Vishnu, Armaan, Firoz, Ankur, Sachin.** For discussing many ideas and to look further to work on

[Part-1] of Upcoming **NovelSeries**
"An Artist Son & A Dr. Dad"

By- Elan Vague

1. Sawaal

Tumhaari Bhi Mez Par, Meri Kitaab Rakhi Hai Kya ?

Maii Utnaa
Alfaazo Mey Taraash Dunga Usey...

2. Mushahida

Chup rehta tha
Koii bolta
Sunta rehta tha

Alag alag log
Log maine bahot dekhe

Kitaabo kii aadat thii nahii
Mai insaan padhta rehta tha

3. Do Pal : Waqt ki Raftaar

Do pall tak to
Pehchaan hii nahii paaya tumhe

Kuch to haii
Jo zindagi ke Bahott khoobsurat panne se juda haii
Kuch to haii
Joo thaa, Too bass Yahii Yahiiiiii aurr
Bas Yahiiiiiiii to thaa

Kuch, Kuch to haiii Jo yaad haii
Magar Yaad nahiii aa raha

Do Pal mey
Harr ek pall ko rokk kar,
Sadiyo tak socha Maine
Roothna , Manaana , Milna , Bichadna
Har lamha Jee liya maine
Jaise hii tum gayiii , Do hii pal mey
Saara waqt guzaar diya maine

4. Aazmaaish

Kuch Manziley Chalte Chalte
Bas Yuuhii Raaho Mey Mill Jaati Hai

Ammi Dua Karti Hai
Kismat Palat Jaatii Haii

Ye jo Aazmaaishey Haii,
Mai yuuhii peeche hatt nahi sakta
Ammi ne taaleem di hai, Allah pe yakeen rakhna ...
Mai ammi ka bharosa tod nahii sakta

Mai kuch soch ke
Mai kuch soch ke, Apne khayaal
Khuda kii razamandi kii bargaah mey rakhta huu
Ammi ne taaleem di hai,Mai chalne se pehle
Chalne ki Dua padh kar chalta huu

Kuch bann ke ghar lautne ka, Dill karta hai
Ghar lautne ke paise, Ab abba se maangna
Achaa nahii lagta

5. Hadh ? Behadh ...

Wo kehti hai
Usey Ishq hai mujhse ,
Wo bhii itnaa kii fanaa hojaayegii

Maine kaha usse
Tuu jaha hai
Wahii ruk jaa, Tham jaa zara
Mai to pehle hii barbaad huu
Ab tuu hojaayegii

Jawaab mey...

Kasam khuda ki
Itni sachi mohabbat karne waala nahi dekha
Maine aisa pyaar karne waala nahii dekhaa

Usne kaha
Mohabbat kari hai, koii sauda nahii
Jo hoga dekha jaayega
Karne se pehle hamne anjaam nahii dekhaa

6. Misaal

Tum jo sunti nahii baat merii
To likh likh taareefey
Mai , Mehfilo mey sunaane lag gaya huu
Bachaalo Mujhey
Mai Shayar Ban Alfaazo Ka Vyapaar karne lag gaya huu

Wo mere kuch alfaazo mey
Simat kar nahii rehna chahtii
Wo mere har pal,
Har lamhe ka khayaal banna chahti hai

Wo merii mohabbat kii,
Hasti khelti misaal banna chahti hai
Ban ke meri Ektarfa Mohabbat, Wo amar hona chahti hai

7. Tum Yarr...

Kitna Khushnaseeb hoga wo
Jiskii kismat hogi tum

Guroor hoga usey
Aree uski to Amaanat hogii tum

Ek Alag , Ek Alag duniya mey rehta hoga wo
Jiskii to mohabbat hogi tum...

Baat ye agar sach nahii
To jaan lena
Galat patey par chali gayi tum

8. Rozgaar

Kisi ko ratti bhar farq nahi padta
Tum zinda ho ya guzar gaye ?

Dost yahii zindagi hai
Tum roye to kinaare
Aur muskuraaye to
Fankaar saabit ho gaye

Mai us kahaani ka kalakaar huu
Jisme kirdaar ko likhne kii ijazat nahii

Mai kaii kirdaar jee kar bhool gaya huu
Kuch panne gayab hai zahen ki kitaab se

Mai jhoot, To mai kabhii sach ka chehra tha
Mai harr rozz,
Kirdaar Badal Kar Rozii Dhoondne Jaata Tha

9. Qayamat

Maine Bahot Door Khade Ho Ke,
Bahot Kareeb se Dekha Hai Tumhe

Saarii duniya bhii saath khadii ho
To Faayeda Kya...?

Kaafila mere peeche , Aur
Tum kahii door Khadii ho
To Faayeda Kyaa...?

Izhaar Meri Zubaa pe ho
Aurr Tum kisi kii baaho mey
To Faayeda Kya...?

Maine bahot door khade ho ke ,
Bahot kareeb se dekha hai tumhe

Jis Adaa se
Tum muskuraatii ho naa
Ab Khuda agar qayamat na laaye
To Uske bhii hone ka faayeda kyaa

Saarii Duniya
Sab Kuch Rok Do

Jo Dekh Rahe Ho Khwaab
Toot ta Hai ...,
Theek haiii...
Toot Jaane Do

Wo Dekho Uski Taraf
Wo Muskura Rahi Hai

Dekho Uskii Taraf
Meri Aazaadi Hai Wo

Tum , Tum Aur Tum
Tum Firrr,
Dekho Uskii Taraf
Meri Barbaadi Hai Wo
Is lamhe ko
Kaise bhii,
kuch bhii karke
Bas yaadgaar banaa do...

Merii Maano,

" "

Areeee Merii Maano To,
Zameen Uthaa Ke
Aasmaan Se Jod Do...

Kya keh rahe ho ,
Qayaamat Hii
Aajaayegiii
Theeek Haiii
Aajaane Do...

10. Tarjuma-e-mohabbat

Khayalon ke, Badaalo mey
Hawaao kaa, Rukh palat tey,
Dektha Rehta Huu, Firr...

Baarisho Ki Dhunn Sun kar
Tumhe sochne lgta huuu

Waqt ka panna palat ke
Tumse fir kuch baatey karne lagta huu
Tumse Mohabbat thii
Tum nahii hoo
Tumhaare diye zakhm haiii
Maiii Kuredne lagta huu

Kabhiii sukoon se
Tumhaarii aawaaz ki tarah
Baarisho kii dhun sunne lagta hu
Kabhiii bas Bechain ho kar
Is kamre mey kuch dhoondne lagta huu

Logg Kehte Haii

Maiii Jhoot Kehta Huu
Tum Dikhtii Nahiii Mujhey

Maii Tumhe Jaanboojhkar,
Yaad karta huu

Haa Karta Huu
Logo Ko aadatt hogii
Aage badhne kii baat

Maii apnii Zindagii kii kitaab, Khud likhtaa huu

Maii likhta Mohabbat
To Tarjumey mey, Intezaar Likhta Huu

Haalaaato Kii Tang Galiyo Mey,
Kabhii Kabhii
Sahemne Laga Huu

Jis ladke ko
Mazaa aata thaa
Zindagi Mey
Masley hone se
Haa Woo Maii,
Maii Ab waqt ke
Achanak Herr Pherr se
Darne laga huu

Khwaab Jo Dekhe They
Maii Aahista Aahista
Ek Zeena Bana Raha Huu

Ab inhe Neend mey chor ke
Mai Jaag nahii sakta...

Khwaabo Ke Mahel Mey
Kaid Hai Wo Parinda,
Aazaad Ho Hii Nahii Ho Sakta...

11. Paigaam-e-mohabbat

Baarish Bahot Tezz Ho Rahii Thii,
Ham Saath Baithe They

Shayad wo koii Nadii ka kinaara thaa
Aasmaan mey Bijlii, Bahott tez Kadak rahii thiii
Aurr Ham Saath Baithe They

Us Tezz baarish kii boondo mey ek dhunn bajj rahii thii

Mohabbat kii thii shayad

Jis Nadee ke kinaare ham baithe they
Uskii Raitt se ek khushbuu aa rahii thii

Mohabbat kii hii thii shayad

Meri nigaahey usse hat nahi rahi thi
Aur aasmaan mey kadakti bijliya
Bahott zorr pakde huey thiii

Meriii Aankhey,

Uskii Aankhey padh rahii thi
Wo ...,
Wo Hamesha kii tarah
Hotho se, Kuch nahiii keh rahii thi

Ek , Ek alagg sii mohabbat
Jhalakk rahii thii uskii ankhon mey
Aurr neend khull gayii merii ,
Maii bass Khoo jaane hii waala tha
Uskii baaho mey

Aankhey Khuli To Dekha
Naa Baarish Ho Rahiii Thiii
Aurr Na Bijlii Kadak Rahiii Thii

Lekin Wo,
Wo Mujhey Ab Bhi
Merii nigaaho ke saamne dikh rahi thi

Maine poochaa usse,
Ye khwaabo mey mujhe,
Kahaa le karr gayii thii tum
Ab ye dhoop ye roshni,
Yaha Ka Mausam
Mujhey Acha Nahiii Lag Raha
Usne kaha
Mai tumhe kahi lekar nahi gayi thi

Wo Jo Rait ki Mahek,
Tumhe Aa Rahii Thii
Wo Tumhaare Dill Mey Basi,
Tumhaarii Khwaaishey Mohabbat thi
Wo Jo Badal Garaj Rahe They,
Wo Darasal Tumhaarii,
Tumhaari Dhadkane Thiii
Maine poocha,
Aurr wo baarish...?
Usne Kahaa Maaf Krna...,
Lekin Wo Tumhaare Aansu They
Maine kahaa
Tum Thii Waha Mere Saath
Usne Kahaa
Tum Jaantey Ho, Mai Nahii Thii...

12. Eid Aur Ummeed [Part-1]

Mujhey "Na" Karne Ke
Wo Saare Reasons
Jo Tumne Diye They

Wo Saare Hii Munasib They
Meri Tumhaari
Ham sabki kismat
Khuda ne likhii hai
To kya hua ?
Agar gham mere hissey mey
Thode zyaada aagaye they

Sach Kahu To Mujhey Pata Hai
Tum Zaroor Aaogii

Tum ab bhii
Waise hii darwaaze se kamre tak chal kar aaogi
Tum ab bhii
Waise hii baithogii
Waise hii muskuraaogii

Firr kuch baatey karogii
Aur Mujhey Firr Tumse pyaar ho jaayega
Aur Tum,
Tum Firr Mera Dill Tod Kar Chali Jaogii

Sach Kahuu,

Darasal sach to ye hai , Kii Ab
Ab mai chahta hii nahii
Kii ham dono kabhii kareeb aaye
Aurr mai waqt se kahuu kii tum
Tum Tham Jaao

Kyuukii...,

Ye Jo Aaj Meri Jung Mey
Tum Mere Saath Nahii

To Kal, Kal Jeet Ke Jashn Ki Dawat Mey
Aaane ka, Tumhe Koi Haq Nahii

Ye Jo Aaj Tumne Haath Thaama Nahii
To Kal, Kal Humsafar Banne Ka
Tumhe Koii Haq Nahii

Isey Ego Na Samajh Lena Mera
Ye Dard Hai,

Jo Bas Maine
Dil Ke Kisi Ek Chote Se Koney Mey
Kisi Anjaan Lifaafe Mey Qaid Karke Rakha Hai

Chal Maana Ye Tuney Diya Hai
Par Ispe Sirf Mera Haq Hai
Kyuukii Maine Iseyy
Mohabbat Kii Jung Mey Jeeta Hai

Mujhey Aaj Tumhaari Zaroorat Thii
Aur Tumne Waqt Nikaala Nahii

To Kal, Kall Jab Tum Akeli Pad Jaao
To Yaad Rakhna Zimmedaar Mai Nahii

Khairr Galtii Merii Hii To Hai ,
Jo Tumhe Khuda Maan Ke
Mohabbat Ke Sizde Kar Liye Hai

Par itna bewakoof
Mai ab raha nahii
Mera khuda mujhey mill gaya hai
Mai masjido mey jaata huu

Terii Galiyo Mey, Maii Aurr Bhatakta Nahii

Uske Hisaab Se ...
Uske Hisaab Se Jaana Munasib Tha
Uske Hisaab Se Thukraana Munaasib Tha

To Maine Kabhii Usey Roka Nahii...

Areeee Aazaad Panchii
Banana Chahta Tha Mai Usey

To Uska Haath
Hamesha Thaamna Chaaha
Par Kabhii Pakda Nahiii...

13. Eid Aur, Aurr Zyaada Ummeed [Part-2]

Eid Aur, Aurr Zyaada Ummeed (Mai na likhta ye masla Lekin Eid bhii to Ummeedey lekar har saal aatii haii na)

Naa sherr padhe jaayenge
Naa Likhenge Koii Gazal
Wo saamne haii mere
Wahii to Manzill haii Merii

Wo mere kamre mey
Mere theek saamne baith kar
Mujhse kuch baat karr rahii haii

Maii Likh Raha Eid...
Wo "VAHAM" Yaad Dila Rahii Haii
Maii Padh Raha Eid...
Merii Aawaaz Ladkhada Rahii
Maii Likh Raha Eid...
Merii Ungliya Kaanp Rahii Haii

Mere Zahen Mey
Bahot Saarii Baatey Aaa Rahii Haiii

Tm Poochte Mujhse, Maii Likhta Kaise...?

Wo Is Band Kamre Mey
In Hawaao Ke Katro Se Ban Rahii Haiii

Mai Likh Raha Thaa
Maine Pooch Hii Liyaa Usse
Eid To Aagayii
Tum Milne Aaogiii Kyaa ?
Ek Roz Maine
Socha Tumhe
Firr Sochte Sochte
Tumpe Ek Nazm Soch Lii

Likh Ke Ek Kagaz Mey
Bade Gusse Mey Aag Laga Dii

Ab Kyuukii Wo Tumpe Likhii Thii
Aankhe Jall Rahii Thii
Magar Meri Nazre
Un Jalte Huey Panno Se Hatt Nahii Rahii Thiii
Us Dhuey Se Is Aasmaan Mey

Meraa Apna Ek Badal Bantaa Huaa Maine Khudd Dekhaa Haii

*Maine Baat Karii Haii
Khwaabo Mey, Hawaao Se
Unhe Tumharara Pataa, Pehle Se Pata Haii
Ye usii din kii baat haii
Jab dhalte huey chaand se lagaakar
Maine ugta huaa suraj dekhaa thaa*

*Ek raat badiii sukoon se
Ek nadii ke kinaare baith karr
Maine waqtt ko
Bahott dheere se guzaraa thaa*

*Badalo Mey Sitaaro Se
Uskaa Chehra Banaya Thaa*

*Eid ka din tha agla
Saal mey ek baar
Kuchh pall kaa
Mera usse Milnaa hotaa thaa*

**Merii Zindagi Mey
Pehle Eid Firr
Chaand Ka Intezaar Hotaa Thaa**

Hazaar kahaaniya
Zahen mey likhii jaati thi
Kab Aayegi
Kyaa Bolegi
Aayegi Na
Har Baat Sochi Jaati Thi

Alfaazo ke baagh mahek uthte
Ham tumpe ek sher sunaate
Meri Aawaaz Mey Tuu
Aurr Do Galii Tak Mashoor Ho Jaati Thi

Mai Likhne Laga Thaa Us Din
Jab Mujhey Dekh Karr
Tuu, Pehli Dafa Muskuraaii Thi
Mai aksar kisi khaas taareek ko
Mahez Aasmaan kii
Ek tasveer le leta huu....

Mai Likh Ke Wo Ek Khwaaish
Wo Kaagaz Kahi Chhupa Deta Huu...

Fir Kai Dino Baad
Jab Yaado Ka Majma Khulta Hai
Eid Pe Fir
Kuch Adhoora Likha Milta Hai

Rakh deta wo
Mai wapas wahi
Ye Eid ka masla hai Atif

Ispe to,
Ramzaan Aane do
Mujhey Apnii Duaa Likhna Haii
Hazaaro Nekii Waale Sizdo Mey
Alfaazo Mey
Apna Dard Bayaa Karna Haii

Iftaarii Se Theek Pehle Kii Dua Mey
Daroodshareef Ke Fauran Baad Ho Tum

Mujhse Bahott Door Ho
Mujhey, Allah Ke Kareeb Karr Rahi Ho Tum

Ramzaan ke kuch Farz
Adaa kar Liye
Namaazo Mey Tumhaare Naam Ki
Arzi Bhi Kar Liye

Iftaarii Se Theek Pehle Kii Dua Mey
Daroodshareef Ke Fauran Baad Ho Tum
Kuchh Sunnat Baaki lag rahi hai
Is Eid Kam Se kam, Milne To Aaogi Na Tum

Tasveero mey bhi jaan daal deta huu
Baat Tumhaari aati hai
Mai Jaadugar bhi ban jaata huu

Mere saath,
Merii duniya mey kuch derr chal ke to dekho
Uske ek ishare pe
Waha ka mausam badal jaata haii

Abhi Is Aasmaan Mey Ek Badal Banaaya Hai Uske Liye
Abhi ek duniyaa pe kaam chal rahaa haii

Usse Kehnaa,
Choro Tum Kuch Mat Kehna Usse

Eid Aagayii Haii ,
Ham Bade Adab Se Bulaayenge Unhe

Noor Haii Uske Chehre Pe
Ham Uskii Aankho mey Dekh kar
Usse Kuch Baatey Karenge

Wo Bolegiii Hotho Se
Ham Aankhon Se
Uska Bolna Kaid Kar Lenge

Bas Kuch Pall Ki
Wo Mehmaan hogi

Mere Bahot Paas
Merii Rooh Hogi

Uski Baat Aati Haii
Mere Faisle Badal Jaate Haii

Eid Aane Waali Haii
Agar Wo Milne Aagayii To...

14. Vahem [Hallucination]

Harr roz ki tarah
Aaj Waisa Hallucination Nahi Hua Mujhey
Harr roz ki tarah
Mere khayaalo se nikal kar
Aaj saamne dikhi nahi tum mujhey

Diwali ke Jashn mey,
Apne hamsafar ki baaho mey
Lagta hai aaj kaafi hogi khush hogi

Wo Jalte Huey Diye
Kisi Ko Kyaa Hii Khoobsurat Lag Rahe Honge
Jiske Saamne Tum Muskura Rahi Hogi...

Pataako Ki Wo Goonj
Bhala Kisko Achi Lag Rahi Hogi
Jiske Kaano Mey
Tumhaarii Aawaaz Aa Rahi Hogi...

Dill kar raha Hai
Ek dafa dekhlu tumhee

Itni Khush Hogi Tum
Aur Itna Khush Hotey Hueyy
Saamne Se To
Kitni Kitniii Aurr Kitniiii Hii
Khoobsurat Lag Rahi Hogi Tum

Mann Kar Raha Haii
Saari Raat Baitha Rahu Aise Hii
Aurr Likhta Rahu Tumhe

Tumhaarii Khushiyo ke haq mey duaa krtaa rahuu
Aurr bas, bass zid karuu Khuda se
Poori hone ki

Yeee ... Yeee kamre meyy aake
Mere saamne kab baith gayi Tum
Bataao mujhey
Darwaaza to band tha andarr se

Uffoo ab aisee bhiii
Matt hasoo mujhpe
Mai bakhoobii jaantaa huu,
Mera Vahem Ho Tum

Ek Dafa Dekho Yarr Tum khud ko

Meri, merii har kavita ki jaan ho tum

Meri Duaaye
Mera Ishq
Meri Mohabbat Ho Tum

Kaise,
Kaise Samjhaau Mai Khud Ko
Meraa Vahem Tum

15. Kaash

Ye Masla Abhi Kuch Hii Din Puraana Tha
Saari Duniya Baazaar Kar Rahi Thii

Dhanteras Ka Din Tha
Maine Dekha Ek Chehra
Wo Chehra Bada Jaana Pehchaana Lag Raha Tha

Mere Alfaazo Ki Har Uthtii Leher Ka
Wo Eklauta Kinaara Lag Raha Tha

Kaun Hai Ye
Maine Dimaag Mey Zorr Daala

Aur Bas Kuch Yaad Aahii Raha Tha
Kii Maine Firr Bhula Diya

Ha Wo Merii Zindagi, Meri Khushiya Thii
Jinhe Pehchanne Se Maine
Ek Baar Firr Inkaar Kar Diya

Waise To Ye Hone Se Raha
Parr Kaash,
Kaash Ham Dono Kabhi,
Hamaari Gaadi Mey Travel Karte
Tum Apna Sar Mere Kaaandhe Par
Rakh Kar So Jaati
Aurr Mai Mera Sar
Tumhare Sar Par Rakh kar

Sach Kahuu To
Mai Koii Social Worker,
Koii Raajneta Nahii Huu
Mujhey Kisi Duniya
Kisi Development Ki Fiqrr Nahi Hai

Aree Merii Duniya Mere Paas Hai
Meri Khuda Se Aurr Koi Dua Nahi Hai

Kaash,

Kaash Tumhe Koi
Cheez Pasand Aati

Aurr Mai,

Mai Apni Savings Se
Tumhe Wo Dila Deta

Jab Usey Le Kar
Tum Khush Ho Jaati
To Mai Bhii
Tumhe Dekhkar Firr Muskura deta

Nazara Wo
Bada Khubsurat Hota
Jab Mere Saamne
Tumhara Muskurata Hua Chehra Hota

Aree Rok Deta
Mai Waqt Ko Wahii
Aur Kehta Khuda Se Mujhe Chahiye

Yahii Yahiii Aur
Sirf Aur Sirf Yahiiiii

Apnii Har Khushi Ko
Mai Sirf Isse Baatunga
Apne Saare Raaz
Mai Iske Dill Mey Chupa Dunga

Maine Padha Hai Tumhe
Ek darr mere andar haii
Ek darr tumhaare andar haii

ELAN VAGUE

Mai Jaanta Huu
Apnii Zindagi ki Jung Tum Lad Sakti Ho
Par Kya Tum Khud Ko Samajh sakti ho

Ek Dar Tumhaare Andar Haii
Tumhari Koshishey Kahii
Naakaam Na Ho Jaaye
Jo Khwaab Tumne Dekhe Haii
Kahi Ye Kismat Inke Aade Naa Aajaaye

Jo Aane Waala Haii
Wo Kal Na Maine Dekha Haii
Na Maii Usko Jaanta Huu

Lekin Is Kal Mey Agar
Kal Ko Tum Zara Si Kamzor Pad Jaao
To Yaad Rakhna
Us Kal Mey Bhi Mujhey Tumpe Poora Yakeen Hoga

Magar kaashh
Mera kuch bolna aur usii pal
Wahii sun lena, Sach hota

Kaash
Mera wo khwaab dekhna aur uska,
Unme shaamil hona, Ha wo sach hota

Kaash, Ki
"Kaash" ke aage kuch likhne ko hi na hota

Kaash,
Kaash Mere Har Sawaal Ka Jawaab
Ab Tum Likhna Shuru Kar Deti

16. Ek Myaan Aur Do Talvaar

Mai Aasmaan Ke Theek Neeche,
Chand Ke Bahot Kareeb Baitha Tha...

Tum Muskura Rahi Thi,
Yakeen Maano
Us Ek Pall Mey,
Mai Duniya Jeet Baitha Tha...

Jab tum muskuraati ho na
To kasam se itni hii pyaari lagti ho
Ki Hazaar sach
Hazaar Jhoot
Mai yuuhi bol jaau

Aree Hazaar Jung Mai Yuuhi Jeet Jaau

Shayad shayad meri barbaadi ki wajah
Tum nahi
Lekin agar tum hoti
To Shayad Shayad Mai Sambhal Jaata

Ab To Tum Wo Paani Ho
Jo Aag Ko Aur Hawa De De
Mere Samajhdaar Hone Se Pehle
Agar Ishq Na Hua Hota
To Shayad Mai Sambhal Jaaata
Duniya ka gham hai
Gham ka samundar hai
Samundar mey sailaab hai

Mohabbat Ka Dard Hai
Aur Khuda Ka Shukr Hai
Dono Dil Mey Eksaath
Jagah Bana Baithe Hai
Afaazo Ka Baandh Bana Baithe Hai

17. Alfaazo Ka Vyapaar

Tum Jo Sunti Nahi Baat Merii
To Likh, Likh Taareefey

Mai Mehfilo Mey
Sunaane Lag Gaya Huu

Bachaalo Mujhey,

Mai Shayar Ban, Alfaazo Ka
Vyapaar Karne Lag Gaya Huu

Naye Puraane Jazbaato Se Bhara Ye Dill
Dill Karta Hai
Isey Aag Lagaadu...

Tu Ab Jis Bhii Dill Mey Rehti Ho
Magar Is Khandhar ko,
Kya Raakh Bana Duu ?

18. Mukhtasir

Baithe they , Yuuuhiii...
Khayaal aagya Tumhaara
Hamne kaha dill se,
Tumhe ab bhii mohabbat hai inse
Kahii dimaag to nahii kharaab ho gaya tumhaara
Apno mey bhii
Jo bahot khaas hai na
Unke Saamne Bade Adab Se
Tumhaari Baatey Karta Huu

Firr Tumhaari Baatey
Karte Karte
Kuch Na Kuch
To Likh Hii Deta Huu
Ye Alfaazo Kii Mahek Aksar Shayaro Ke Paas Se Aatii Haii
Ye Alfaazo Kii Mahek Aksar Shayaro Ke Paas Se Aatii Haii

Khulii Aankho Se
Poore Hosh Mey Dekha Hua
Ek Khwaab Haiii

Jo har subah
Mujhe neend se jagaa deta haii

Maii mashroof hota kahi, Khayaalo mey
To dhoond kar mujhey, Mere haath mey
Mahez Ek kalam Thama jaata haii

Waqt bewaqt Neend Aatii jab
Mere Khayaalo mey aake
Ummeed ki deewaar banaane lagta hai
Abba kii naseehatey sochne lagta hai

Halaato Se Ladta Hai, Jhagadta Hai
Khud Ko Aazmaish Mey Dekh
Duaao ki Talaash Mey Nikalta Hai

Kissa Mukhtasir Ab Shayad,
Ho Nahii Sakta Hai
Aurr Kahaanii Ka Ye Hissa
Mujhey Ab Adhoora hii Mukhtasir Lagta Hai

19. :-)

Waise Agar Tum

Likhte Uske Baare Mey Kuch...

To Kya Likhte ?

ELAN VAGUE

• 44 •

ELAN VAGUE

Mai Khush Huu Khud Se...

Aksar Kisi Diary Mey,
Sab Likhta Rehta Tha
Aaj Kitaab Likhne Laga Huu
Mai Khush Huu Khud Se
Mai Khud Ki Sunne Lag Gaya Huu

Reach out to us-
Instagram - **@elan_vague**
Facebook - **Elan Vague**
Email - **elanvague@gmail.com**
- elanvague.com

"An Artist Son & A Dr. Dad"